Der letzte Idealist II

Bibliografische Information der Deutschen
Nationalbibliothek: Die Deutsche Nationalbibliothek
verzeichnet diese Publikation in der Deutschen
Nationalbibliografie; detaillierte bibliografische
Daten sind im Internet über dnb.dnb.de abrufbar.

© 2022 Der letzte Idealist
Herstellung und Verlag: BoD – Books on Demand,
Norderstedt

ISBN: 978-3-7557-5321-6

Lass den heutigen Tag
den Anfang
von etwas Neuem sein.

Autor unbekannt

Glück ist, wenn du
mit dir selbst zufrieden
bist und dafür nicht
die Bestätigung anderer
brauchst.

Autor unbekannt

Sei geduldig, wenn du
im Dunkeln sitzt.
Der Sonnenaufgang kommt.

Rumi

Stark zu sein, bedeutet
nicht, nie zu fallen.
Stark zu sein, bedeutet,
immer wieder aufzustehen.

Autor unbekannt

Empathie. Die Fähigkeit,
die Situation eines
Menschen nachzuempfinden,
mit dem Ziel, dessen Gefühle
und Sichtweisen zu verstehen
und eigene Handlungen auf
dieses Verstehen abzustimmen.

Autor unbekannt

Glaub daran, dass
du es schaffst, und du
hast schon den halben
Weg gemeistert.

Theodore Roosevelt

Man lebt ruhiger, wenn man nicht alles sagt, was man weiß, nicht alles glaubt, was man hört und über den Rest einfach nur lächelt.

Autor unbekannt

Du kannst dein Leben
nicht verbessern, wenn
du nicht bereit bist,
Neues auszuprobieren.

Autor unbekannt

- Der letzte Idealist II -

Wir können den
Wind nicht ändern,
aber die Segel
anders setzen.

Aristoteles

Die meisten Fehler
machen wir, wenn wir
zu viel fühlen,
wo wir denken sollten,
und zu viel denken,
wo wir fühlen sollten.

Autor unbekannt

Man muss seinen
Weg gehen, aber auch
den Mut haben, die
Richtung zu ändern.

Autor unbekannt

10 Schritte zum Zen:

1. Hör auf, zu vergleichen.
2. Hör auf, zu konkurrieren.
3. Hör auf, zu beschuldigen.
4. Hör auf, zu bedauern.
5. Lass Vorurteile los.
6. Lass Wut los.
7. Lass Sorgen los.
8. Lass Angst los.
9. Lass Schuld los.
10. Sei glücklich im Moment.

aus Zen

„Du stolperst nicht,
weil ich hinter dir
gehe", sagt die
Vergangenheit. „Du
stolperst, weil du so oft
zu mir zurückblickst."

Autor unbekannt

Glück im Leben heißt,
jemanden zu finden,
der weiß, dass du nicht
perfekt bist, dich
aber so behandelt, als
wärst du es.

Autor unbekannt

Wenn die Wurzeln
tief sind, braucht
man den Wind
nicht zu fürchten.

aus China

Der Kopf muss lernen
loszulassen, damit die
Seele wieder atmen
und das Herz wieder
zur Ruhe kommen kann.

Autor unbekannt

Hab keine Angst vor
einem Neuanfang.
Diesmal fängst du nicht
bei null an, sondern mit
Erfahrung.

Autor unbekannt

Bevor du jemanden heilst, frag ihn, ob er bereit ist, die Dinge aufzugeben, die ihn krank gemacht haben.

Hippokrates

Manchmal nehme ich
Abstand, um in
Ruhe nachzudenken.
Und manchmal nehme ich
Abstand, weil ich in
Ruhe nachgedacht habe.

Autor unbekannt

Selbstbewusstsein ist nicht:
„Sie werden mich mögen."
Selbstbewusstsein ist:
„Es ist okay, wenn sie es
nicht tun."

Autor unbekannt

Wenn der Wind der
Veränderung weht,
bauen die einen
Mauern und die
anderen Windmühlen.

aus China

- Der letzte Idealist II -

Bevor du mit jemandem diskutierst, frag dich: Ist diese Person geistig reif genug, um das Konzept einer anderen Meinung zu begreifen? Wenn nicht, macht eine Diskussion absolut keinen Sinn.

Autor unbekannt

Schiffe sinken nicht wegen des Wassers um sie herum. Sie sinken wegen des Wassers, das in ihr Inneres kommt. Lass nicht alles, was um dich herum passiert, in dein Inneres vordringen und dich runterziehen.

Autor unbekannt

Wir sind nicht nur
für das verantwortlich,
was wir tun, sondern
auch für das, was wir
widerspruchslos hinnehmen.

Arthur Schopenhauer

Was ist Erfolg?
Ich glaube Erfolg ist,
wenn du abends ins Bett
gehen kannst und deine
Seele Frieden hat.

Autor unbekannt

Wenn ein Mensch
mit dir über seine
Probleme spricht,
dann jammert er nicht,
er vertraut dir.

Autor unbekannt

Wenn ein Kind kritisiert wird,
lernt es, zu verurteilen.
Wenn ein Kind angefeindet wird,
lernt es, zu kämpfen.
Wenn ein Kind verspottet wird, lernt es,
schüchtern zu sein.
Wenn ein Kind beschämt wird, lernt es,
sich schuldig zu fühlen.

Wenn ein Kind verstanden und toleriert
wird, lernt es, geduldig zu sein.
Wenn ein Kind ermutigt wird, lernt es,
sich selbst zu vertrauen.
Wenn ein Kind gelobt wird, lernt es,
sich selbst zu schätzen.
Wenn ein Kind gerecht behandelt wird,
lernt es, gerecht zu sein.
Wenn ein Kind geborgen lebt,
lernt es, zu vertrauen.
Wenn ein Kind anerkannt wird, lernt es,
sich selbst zu mögen.
Wenn ein Kind in Freundschaft angenommen
wird, lernt es, in der Welt Liebe zu finden.

aus Tibet

– Der letzte Idealist II –

Um mich glücklich
zu machen, braucht
man keine Geschenke.
Alles, was ich möchte,
ist zu spüren, dass ich
jemandem wichtig bin.

Autor unbekannt

Glück ist nicht,
wenn du keine Probleme
hast, sondern wenn du
die Fähigkeit besitzt,
mit ihnen umzugehen.

Autor unbekannt

Ein weiser Mensch
gibt nicht die richtigen
Antworten, er stellt
die richtigen Fragen.

Levi Strauss

Deine Ehrlichkeit wird
Menschen dazu bringen,
sich von dir abzuwenden.
Das ist in Ordnung,
denn die richtigen werden
bei dir bleiben.

Autor unbekannt

Ich mag Menschen,
die fühlen, was
andere nicht einmal
sehen können.

Autor unbekannt

Wir sind alle nur Besucher
auf dieser Welt und zu
dieser Zeit. Unsere Seelen
sind nur auf der Durchreise.
Unsere Aufgabe hier ist,
zu beobachten, zu lernen,
zu wachsen, zu lieben und dann
wieder nach Hause zu gehen.

Weisheit der Aborigines

Manchmal muss man ohne gewisse Menschen weitergehen. Doch wenn sie dazu bestimmt sind, in deinem Leben zu sein, werden sie dich auch wieder einholen.

Autor unbekannt

Es ruckelt immer ein
wenig, wenn das Leben
in den nächsten Gang
schaltet.

Autor unbekannt

Bevor du dich
daran machst, die
Welt zu verändern,
geh dreimal durch
dein eigenes Haus.

aus China

Wenn dir etwas nicht
gefällt, dann
versuch, es zu ändern,
bevor es anfängt,
dich zu verändern.

Autor unbekannt

Such den Kontakt
zu Menschen, die über
Ideen und Visionen
reden, nicht über das
Leben anderer.

Autor unbekannt

Liebe siegt
über alles.

Leonardo da Vinci

Du kannst nicht immer
aussuchen, was dir im
Leben passiert, aber
du kannst entscheiden,
wie du damit umgehst.

Autor unbekannt

Jeder von uns möchte tief in seinem Inneren nichts weiter, als geliebt und verstanden zu werden, ohne darum kämpfen zu müssen, ohne sich zu verbiegen, nur um anderen zu gefallen. Jeder von uns möchte einfach nur der Mensch sein, der er ist.

Autor unbekannt

Nimm dir Zeit zum
Lachen, es ist
die Musik der Seele.

aus Irland

Manche Menschen reden
mit dir, wenn sie Zeit
haben, und andere
Menschen nehmen sich Zeit,
um mit dir zu reden.

Autor unbekannt

Kümmere dich nicht
um die, die hinter
deinem Rücken über dich
reden. Sie sind aus
gutem Grund hinter dir.

Autor unbekannt

Wer Bäume pflanzt, obwohl
er weiß, dass er nie
in ihrem Schatten sitzen
wird, hat zumindest
angefangen, den Sinn des
Lebens zu begreifen.

Rabindranath Tagore

Anstatt dich zu ärgern,
dass du morgens aufstehen
musst, solltest du
öfter dankbar dafür sein,
dass du es kannst.

Autor unbekannt

Am Ende eines jeden
Tages ist nur wichtig,
dass ein schöner
Moment dabei war,
der dich lächeln ließ.

Autor unbekannt

Willst du den Körper
heilen, musst du zuerst
die Seele heilen.

Platon

Manchmal brauche
ich den ganzen
Tag, um nichts zu
erledigen.

Autor unbekannt

Ohne Liebe ist
alles nichts.

Autor unbekannt

Trink dort, wo ein Pferd seinen Durst löscht - ein Pferd wird niemals schlechtes Wasser trinken. Geh dort zu Bett, wo eine Katze schläft. Iss die Frucht, welche ein Wurm berührte. Greif angstfrei nach den Pilzen, wo sich Schnaken und Mücken hinsetzen. Pflanz dort einen Baum, wo ein Maulwurf gräbt. Bau ein Haus auf dem Platz, wo sich die Schlange wärmt. Grab einen Brunnen dort, wo die Vögel an heißen Tagen nisten. Geh zu Bett und stehe auf zusammen mit den Hühnern - so wirst du ein goldenes Korn für den ganzen Tag erlangen. Iss mehr Grünes - so wirst du starke Beine und ein ausdauerndes Herz wie ein Tier haben. Geh öfter schwimmen, dann wirst du dich auf der Erde wie ein Fisch im Wasser fühlen. Schau öfter zum Himmel und nicht unter die Füße, so werden deine Gedanken klar und leicht sein. Schweig öfter, anstatt zu reden, so wird die Stille deine Seele bewohnen, dein Geist wird friedlich und ruhig sein.

Seraphim von Sarow

- Der letzte Idealist II -

Entfernung trennt
Menschen nicht
voneinander.
Schweigen tut es.

Autor unbekannt

Manchmal sind es
nicht die Menschen,
die sich ändern,
sondern die Masken,
die fallen.

Autor unbekannt

„Leben ist nicht genug",
sagte der Schmetterling.
„Sonnenschein, Freiheit
und eine kleine Blume
gehören auch dazu."

Hans Christian Andersen

Man muss sich
nicht oft treffen.
Hauptsache, man
verliert sich nie.

Autor unbekannt

Der größte Reichtum
ist Seelenfrieden.

Autor unbekannt

Hast du einen Menschen
gern, so musst du ihn
versteh'n. Musst nicht
immer hier und da, seine
Fehler seh'n. Schau mit
Liebe und verzeih, denn am
Ende bist du selbst nicht
fehlerfrei.

Johann Wolfgang von Goethe

Um den richtigen
Menschen muss man
nicht kämpfen.
Er ist da, weil er
da sein möchte.

Autor unbekannt

Wenn eine Schraube
locker ist, hat
das Leben etwas Spiel.

Autor unbekannt

Es ist nicht
wichtig, wie langsam
du gehst, solange du
nicht stehen bleibst.

Konfuzius

Nicht alles, was wir
einmal für richtig
hielten, ist auch heute
noch richtig. Die Welt
hat sich verändert ...
und wir auch.

Autor unbekannt

Manchmal ist die
Art, wie wir handeln,
auch nur ein Spiegel
unserer Wunden.

Autor unbekannt

Nichts verschafft
mehr Ruhe als ein
gefasster Entschluss.

Charles-Maurice de Talleyrand-Périgord

Wer dir nicht
zuhören will, tut
es auch nicht, wenn
du schreist. Und wer
dich verstehen will,
tut es auch, wenn
du nicht sprichst.

Autor unbekannt

Gerade, als die
kleine Raupe dachte,
die Welt wäre
zu Ende, verwandelte
sie sich in einen
Schmetterling.

Autor unbekannt

Der denkende Mensch
ändert seine Meinung.

Friedrich Nietzsche

Manchmal beginnt
ein neuer Weg
nicht damit, Neues
zu entdecken, sondern
damit, Altbekanntes
mit ganz anderen
Augen zu sehen.

Autor unbekannt

Zweifle nicht an
dir selbst. Zweifle
an den Menschen,
die dich an dir
zweifeln lassen.

Autor unbekannt

Dummheit ist nicht,
wenig zu wissen,
auch nicht, wenig wissen
zu wollen. Dummheit
ist, zu glauben, genug
zu wissen.

Konfuzius

Lauf niemandem
hinterher. Wer bei
dir sein will,
läuft dir entgegen.

Autor unbekannt

Wenn es dich nicht
mehr kümmert, was
andere von dir denken,
hast du die höchste
Stufe der Freiheit
erreicht.

Autor unbekannt

Die Natur ist
die beste Apotheke.

Sebastian Kneipp

Respektier deinen Körper, wenn er dich nach einer Pause fragt. Respektier deine Seele, wenn sie nach Ruhe sucht. Respektier dich selbst, wenn du diese Momente brauchst. Du verdienst sie.

Autor unbekannt

Je älter du wirst,
umso mehr realisierst
du, dass es im Leben
weniger darum geht, wie
viel Geld du verdienst,
sondern mehr um die
Reise an sich und die
Menschen, die sie mit
dir bestreiten.

Autor unbekannt

Ein großer Mensch
ist der, der sein
Kinderherz nicht
verloren hat.

Meng-Tse

Zeig mir deine
Narben, damit
ich weiß, wo ich
dich am meisten
lieben muss.

Autor unbekannt

Vielleicht ist
es manchmal besser,
alles mit einem
Lächeln loszulassen,
als mit Tränen
festzuhalten.

Autor unbekannt

Auch eine schwere
Tür hat nur einen
kleinen Schlüssel
nötig.

Charles Dickens

Manchmal trifft
man jemanden und weiß
sofort, dass man
sein gesamtes Leben
mit dieser Person
verbringen will.

Autor unbekannt

Kinder streiten sich
und spielen danach
wieder gemeinsam.
Warum? Weil ihnen
Glück wichtiger ist
als Stolz.

Autor unbekannt

Nicht den Tod
sollte man fürchten,
sondern dass man
nie beginnen wird,
zu leben.

Mark Aurel

Du wirst niemals den
Menschen vergessen, der
mit einem Licht zu dir
in die Dunkelheit kam.

Autor unbekannt

Veränderung ist
am Anfang schwer,
in der Mitte etwas
chaotisch und am
Ende wunderschön.

Autor unbekannt

Es gehört Mut dazu,
sich so zeigen
zu wollen, wie man
in Wahrheit ist.

Søren Kierkegaard

Wer nicht zeigt, was
er fühlt, läuft
Gefahr, zu verlieren,
was er liebt.

Autor unbekannt

Achte auf dein
Bauchgefühl. Egal, wie
gut etwas aussieht,
wenn es sich nicht gut
anfühlt, geh weiter.

Autor unbekannt

Verweil nicht in der Vergangenheit, träum nicht von der Zukunft. Konzentrier dich auf den gegenwärtigen Moment.

Buddha

Nichts ist schöner,
als wenn dich jemand
zum Lachen bringt,
wenn du es am
nötigsten brauchst.

Autor unbekannt

Es gibt zwei Arten
von Freunden.
Die einen sind da,
wenn es dir gut geht.
Die anderen sind
immer für dich da.

Autor unbekannt

Wenn man seine
Ruhe nicht in sich
findet, ist es
zwecklos, sie
andernorts zu suchen.

François de La Rochefoucauld

„Melde dich, wenn du
zu Hause angekommen
bist, damit ich mir
keine Sorgen machen muss."
Menschen, die das
sagen, sind Gold wert.

Autor unbekannt

Die schwersten
Steine sind die,
die man sich selbst
in den Weg legt.

Autor unbekannt

Begrenz dein Kind
nicht auf das,
was du gelernt hast,
denn es ist in einer
anderen Zeit geboren.

aus dem Hebräischen

- Der letzte Idealist II -

Ich möchte einfach
nur glücklich, frei
und in Frieden leben,
mit Menschen,
die das auch wollen.

Autor unbekannt

Es geht nicht darum,
jemanden zu fragen, wie
es ihm geht. Es geht
darum, zuzuhören, wenn
derjenige antwortet.

Autor unbekannt

Behalt immer
mehr Träume in
deiner Seele, als
die Wirklichkeit
zerstören kann.

Weisheit der Ureinwohner

- Der letzte Idealist II -

Im Fach Sozialwissenschaften
hielt unser Professor heute
ein schwarzes Buch in die Höhe
und sagte:
„Dieses Buch ist rot!"
Die ganze Klasse protestierte
und rief einstimmig:
„Nein!"
Der Professor beharrte auf
seiner Ansicht und sagte:
„Doch, ist es!"
Und wir wiederholten:
„Das ist nicht richtig!"
Er drehte das Buch um und die
Rückseite war rot!
Der Professor blickte in unsere
beschämten Gesichter und meinte:
„Sag niemals jemandem, er liege
falsch, solange du die Dinge
nicht aus seiner Perspektive
gesehen hast!"

Autor unbekannt

- Der letzte Idealist II -

Es gibt einen
Unterschied zwischen
aufzugeben und zu
wissen, wann genug ist.

Autor unbekannt

In jedem Menschen
ist Sonne. Man muss
sie nur zum Leuchten
bringen.

Sokrates

Bei echten Freunden
muss man sich nicht
dauernd melden. Echte
Freunde machen einfach
da weiter, wo man vor
Monaten aufgehört hat.

Autor unbekannt

Um dich daran zu
erinnern, wer du
bist, musst du zuerst
vergessen, wer du
aus der Sicht
anderer sein sollst.

Autor unbekannt

Nichts ist so sehr
für die gute alte
Zeit verantwortlich
wie das schlechte
Gedächtnis.

Anatole France

Du bist wie eine Farbe.
Nicht jeder wird dich
mögen. Doch es wird
immer jemanden geben,
dessen Lieblingsfarbe du
bist.

Autor unbekannt

Manchmal sollten
wir einfach
aufhören, zu denken,
und anfangen, zu leben.

Autor unbekannt

Wir müssen von
Zeit zu Zeit eine Rast
einlegen und warten,
bis unsere Seelen
uns wieder eingeholt
haben.

Weisheit der Ureinwohner

- Der letzte Idealist II -

Einen guten Menschen
erkennst du daran,
dass er dir dein Glück
von Herzen gönnt.
Auch wenn er selbst
davon etwas mehr
gebrauchen könnte.

Autor unbekannt

Manchmal muss man
Entscheidungen
treffen, die im Herzen
schmerzen, doch
die Seele beruhigen.

Autor unbekannt

Nicht, weil die Dinge
unerreichbar sind,
wagen wir sie nicht.
Weil wir sie
nicht wagen, bleiben sie
unerreichbar.

Seneca

Nicht jeder ist
auserwählt, in deinem
Leben zu bleiben.
Manche sind nur so
lange da, bis du eine
bestimmte Lektion
verstanden hast.

Autor unbekannt

So verletzlich wie
die Flügel der
Schmetterlinge ist
auch die Seele des
Menschen. Daran
sollten wir im Umgang
miteinander denken.

Autor unbekannt

Lös das Problem,
nicht die Schuldfrage.

aus China

Angst beginnt im Kopf.
Mut auch.

Autor unbekannt

Ich wünsche dir, dass
du Menschen anziehst,
die deine Sprache
sprechen, sodass du
nicht dein Leben damit
verbringen musst, deine
Seele zu übersetzen.

Autor unbekannt

Das größte Geheimnis
des Glücks ist,
mit sich selbst im
Reinen zu sein.

Bernard le Bovier de Fontenelle

Das Leben ist zu
kurz, um dich
mit Dingen zu
beschäftigen, die
dich nicht
glücklich machen

Autor unbekannt

Während wir versuchen,
unseren Kindern
alles über das Leben
beizubringen, zeigen
uns unsere Kinder,
was im Leben wirklich
wichtig ist.

Autor unbekannt

Am Ende wird
alles gut.
Wenn es nicht gut
wird, ist es noch
nicht das Ende.

Oscar Wilde

Einige Menschen
geben unserer Welt
etwas Besonderes.
Einfach, weil es sie
gibt.

Autor unbekannt

Und wenn du das
Gefühl hast, dass
gerade alles
auseinanderzufallen
scheint, bleib ganz
ruhig. Es sortiert
sich nur neu.

Autor unbekannt

Das Geheimnis eines
langen glücklichen
Lebens ist: Iss die Hälfte,
geh doppelt so viel zu
Fuß, lach dreimal so viel
und liebe grenzenlos.

aus Tibet

Wenn du die
Möglichkeit hast,
jemanden glücklich
zu machen, tu es.
Die Welt braucht
mehr davon.

Autor unbekannt

Der Schüler
fragte den Meister:
„Was tue ich, wenn
ich geheilt bin und den
Berg erklommen habe?
Wie geht es dann weiter?"
Der Meister antwortete:
„Dann gehst du wieder
hinunter und hilfst
anderen hinauf."

Autor unbekannt

Quellen:

facebook.com
instagram.com
pinterest.com

Schrift:

Urania Czech
www.typewriterfonts.net